W0472210

LET'S TALK!
GOLD EDITION

Rita Werner

LET'S TALK!

Das Spiel der heiklen Fragen

Gold Edition

Eichborn

1 2 3 4 06 05 04

Lektorat: Oliver Thomas Domzalski
Umschlaggestalgung: Christiane Hahn
Gesamtherstellung: Fuldaer Verlagsanstalt, Fulda
ISBN 3-8218-4898-7

Verlagsverzeichnis schickt gern:
Eichborn Verlag, Kaiserstraße 66, D-60329 Frankfurt am Main
www.eichborn.de

VORWORT

Liebe Spieler, liebe **Let's talk!-Fans,**

nach den großen Erfolgen von »**Let's talk!**«, »**Let's talk about Love!**« und »**Let's talk! Family**« wurde es nun Zeit für eine Auswahl der besten Fragen aus allen bisherigen Büchern.
Die **Let's talk!** Gold Edition ist damit das »Best of« der bisherigen **Let's talk!**-Reihe, der ich zusätzlich 120 neue Fragen hinzugefügt habe. Für alle diejenigen, die **Let's talk!** noch nicht kennen: Insgesamt finden sich in diesem Buch 450 durch und durch ungewöhnliche Fragen, die in sechs Kategorien gegliedert und mit entsprechenden Symbolen gekennzeichnet sind. Dabei geht es um Fragen, die Ihre Gefühle, Ihre Moral, Ihre Ängste, Ihre Lust, Ihre Erfahrungen und Ihre Abgründe freilegen können. Es sind Fragen, die ans Eingemachte gehen und jeden Mitspieler dazu bewegen werden, wirklich über sich nachzudenken. Dieses Buch regt Sie zu echten Gesprächen an – und nicht zu oberflächlichem Geplauder. Sie werden miteinander erleben, was es bedeuten kann, gemeinsam in die Tiefe zu gehen. Genau dort erwarten uns nämlich die eigentlichen Abenteuer, die Berührungen und die Inspirationen, die uns bewegen. Sie werden auf jede Frage eine Antwort wissen – denn richtig oder falsch gibt es bei **Let's talk!** nicht. Wichtig ist nur, dass Sie ehrlich zu sich selbst und anderen gegenüber sind. Spielen Sie **Let's talk!** allein oder mit mehreren Spielpartnern und machen Sie es sich dabei so richtig gemütlich. Schenken Sie einander Zeit für die gemeinsamen Gespräche. Hören Sie gut zu und nutzen Sie den Augenblick auch, um den individuellen Aus-

druck des Einzelnen wahrzunehmen: den Klang der Stimme, den Glanz in den Augen, die Gesten. Auf der Entdeckungsreise in unsere innere Welten sollten wir einander mit Respekt und Verständnis begegnen. Ganz besonders aufmerksam sollten Sie sein, wenn sich Kinder oder Menschen mit besonderen Schicksalen in Ihrer Talk-Runde befinden. Achten Sie darauf, ob die jeweilige Frage nicht in diesem Augenblick dem anderen zu nahe gehen könnte oder für Minderjährige oder Kinder ungeeignet ist.
Let's talk! führt Sie und Ihre Mitspieler in ein intensives Gespräch – und hoffentlich in eine Zeit, die Sie so schnell nicht vergessen werden, weil sie besonders war. Sie haben sich viel zu sagen. Viel Spaß bei diesem Abenteuer!

Und nun: **Let's talk!**

Ihre Rita Werner

DIE SPIELREGELN

Let's talk! besteht aus 91 Spielseiten mit jeweils sechs Fragen (insgesamt 546) aus je einer durch ein spezielles Symbol charakterisierten Kategorie. Die Kategorien sind:

!	= Fragen zu Einstellungen, Meinungen, Überzeugungen
♥	= Fragen zu Freundschaft, Partnerschaft, Liebe
👁	= Gewissensfragen und Fragen zur Moral
✋	= Fragen zu Handlungen, Entscheidungen und Taten
☾	= Fragen zu Visionen, Träumen und Fiktionen
⊙	= Fragen zum eigenen Ich, zu Erfahrungen und Eigenschaften

Allgemeine Regeln

1.) Die Grundidee von **Let's talk!** ist simpel: Wie bei »Trivial Pursuit« oder anderen Fragespielen wird jeweils eine Frage ausgewählt und einem oder allen Mitspieler(n) gestellt. Der Unterschied: Es gibt keine richtigen oder falschen Antworten, sondern nur originelle, mutige, vorsichtige, witzige …

2.) Die Anzahl der **Let's talk!**-Spieler ist frei zu wählen. Einer allein kann sich ebenso in die Fragen vertiefen wie ein Paar, eine kleine Gruppe von Freunden, eine Reisegesellschaft im Zugabteil – oder ein Millionenpublikum vor dem Fernseher.

3.) Die Spieler müssen sich miteinander über einzelne Regeln verständigen. Zum Beispiel:
Wie ernsthaft sollen die Fragen beantwortet werden?
Wie ausführlich sollen die Fragen beantwortet werden?
Gibt es »verbotene« Antworten wie z. B. »Kommt drauf an«?
Sollen die Antworten spontan und mündlich oder schriftlich gegeben werden?
Gibt es eine Zeitbegrenzung?
Soll es Gewinner und Verlierer geben?

4.) **Let's talk!** führt die Spieler automatisch in ein intensives Gespräch. Respekt und Rücksicht gegenüber allen Spielern sind dabei selbstverständliches Gebot. Alle Spieler müssen darauf achten, dass evtl. mitspielende Kinder nicht mit Fragen konfrontiert werden, die nicht für sie geeignet sind – z. B. weil sie Themen der Sexualität behandeln. Auch Erwachsene könnten manchmal, beispielsweise wegen eines kurz zurückliegenden Schicksalsschlages, von manchen Fragen überfordert sein. Der Spielleiter sollte also die Frage stets zuerst im Stillen durchlesen, um festzustellen, ob sie für den zu fragenden Mitspieler geeignet ist.

Es gibt viele mögliche **Spielvarianten**. Hier werden nur zwei »klassische« genannt, um Anregungen zu geben. Alles weitere ist der Fantasie der Spieler überlassen.

Variante 1:
Ein Mitspieler bestimmt zunächst eine der 91 Spielseiten (= Doppelseiten) des Buchs, indem er einfach eine gerade Zahl zwischen 10 und 190 nennt oder indem er das Buch mit geschlossenen Augen aufschlägt, um eine Seite auszuwählen, oder ...
Um zu ermitteln, welche der 6 Fragen auf der Spielseite beantwortet werden muss, können **Let's talk**!-Experten den Symbolwürfel aus den anderen **Let's talk**!-Büchern verwenden. Ansonsten nennt man einfach eines der Symbole oder tippt blind auf eine der Fragen. Der Spielleiter stellt nun die entsprechende Frage.

Variante 2:
Ein Spielleiter ermittelt eine Frage (siehe Variante 1) und liest sie vor. Jetzt haben alle Mitspieler fünf (zehn / drei) Minuten Zeit, die Frage schriftlich zu beantworten. Anschließend sammelt der Spielleiter die Antworten ein und liest sie ohne Namensnennung vor. Jeder Spieler vergibt einen Punkt für die seiner Meinung nach beste (gelungenste / originellste / mutigste) Antwort.
Zusätzlich kann man verabreden, dass jeder Mitspieler außer dem Spielleiter erraten muss, von wem welche Antwort stammt. Für jede richtig zugeordnete Antwort gibt es einen Punkt.
Nun wechselt die Spielleiterrolle zum nächsten Spieler.

Ein Kind schlägt eine alte Frau.
Was unternimmst du als Erstes?

Dein Freund möchte morgen in die USA fliegen. In der Nacht träumst du in allen realistischen Details von einem Zugunglück. Was unternimmst du?

Rechtfertigt Armut die Bettelei?

Wie gehst du meistens auf andere zu?

Was ist für dich guter Sex?

Geld oder Liebe?
Wovon hättest du gerne mehr?

12 / 13

Wie weit würdest du beim dauerhaften Verzicht auf persönlichen Wohlstand gehen, wenn dadurch der Hunger in der Welt vermindert würde?

Darf ein Kanzler das Volk belügen?

Was tust du ungern für andere?

Du entdeckst eines Tages die Fähigkeit, Gedanken Wahrheit werden zu lassen. Dabei erfährst du, dass dies jedem Menschen möglich ist. Nur weiß es bisher noch keiner. Wie gehst du mit diesem Wissen um?

Worüber sollte man deiner Meinung nach unter keinen Umständen Witze machen?

Welche Statussymbole sind typisch für einen Mann von heute?

Du musst in einer Casting-Show mitmachen. Was kannst du am besten präsentieren?

Vorausgesetzt, du wirst wiedergeboren: Wer oder was wärest du gerne im nächsten Leben?

Was müsste ein dir vertrauter Mensch Gemeines getan haben, damit du ihm nie wieder die Hand reichen könntest?

Du bist auf einen Maskenball eingeladen. Das Motto lautet »Ich in 20 Jahren«.
Wie wirst du aussehen?

Was macht den Reiz eines älteren Partners aus?

Welche Droge könnte dir zum Verhängnis werden?

Was konkret müsstest du jetzt in deinem Leben ändern, damit du glücklicher bist?

Du willst demnächst heiraten. Überraschend lernst du jemand Neuen kennen, in den du dich total verliebst. Was sagst du deinem Partner in spe?

Was ist für dich alt?

Du wirst bald sterben. Eine Fee gewährt dir noch ein Erlebnis deiner Wahl. Was möchtest du noch mal gerne erleben?

Worauf kannst du mit Geduld warten?

Wie gefährlich kann die Angst für einen selbst werden?

Wenn du genügend Geld hättest, um dir einen materiellen Wunsch zu erfüllen, wofür würdest du es jetzt ausgeben?

Jemand kann dich komplett vom Negativen befreien. Wie denkst du über das Angebot?

Wann warst du zuletzt eigennützig und auf welche Weise?

Gab es in deinem Leben schon mal eine Zeit ohne Liebe? Warum?

In welchem Alter sind Männer/Frauen am besten?

Wie viele Sätze sprichst du am Tag?

Dein/e Partner/in will sich von dir trennen, weil er/sie sich verliebt hat. Würdest du um ihn/sie kämpfen? Wenn ja, wie?

Was wäre für dich ein unmoralisches Angebot?

Du sollst für ein befreundetes Hochzeitspaar eine Rede halten. Über welchen Aspekt sprichst du?

Was würdest du tun, wenn du erfährst, dass du nur noch 10 Jahre zu leben hättest?

Eifersucht gilt als Indikator für Liebe. Wie beurteilst du das?

Welche wichtige Frage ist für dich bis heute unbeantwortet geblieben?

Du musst einen Werbespot mit einer Länge von 30 Sekunden drehen. Das Thema lautet: »Denk auch mal an andere«. Was ist der Inhalt des Films?

Welche Lebensphase (10, 20, 30, bis 100) würdest du gerne noch länger als nur zehn Jahre lang erleben und warum?

22 / 23

Kann man sich selbst für andere aufopfern und sich dabei Gutes tun?

Welches Lied ist für dich das schönste Liebeslied?

Bei welchem Menschen musst du dir große Mühe geben, dich nicht in ihn/sie zu verlieben, und warum?

Was müssen Männer erst lernen, was Frauen längst können?

Du wirst angegriffen und hast eine geladene Pistole dabei, obwohl du den Umgang mir einer Waffe nicht gelernt hast. Was tust du?

Wodurch erzielt man mehr Erfolg, durch Risiko oder durch Vorsicht?

Was musst du für deinen Partner tun, damit dieser sich mit dir auf lange Zeit wohlfühlt?

Dein Spiegel zeigt dir immer die Wahrheit über dich selbst und andere. Was wolltest du über dich erfahren?

Auch ohne dass er/sie es dir jeden Tag sagen muss, weißt du, dass du geliebt wirst. Welche Handlungen deines Partners sind dir ein Beweis für seine Liebe?

Warum weinen Frauen schneller als Männer?

Du kannst wählen zwischen einem 50-Euro-Schein und einem Los, das dir eine 1:10-Chance bietet. Was unternimmst du?

Welcher Traum soll für dich wahr werden?

Was ist der Unterschied zwischen Würde und Stil?

Hattest du jemals eine Beziehung, in der du irgendwann feststellen musstest, dass du deine eigenen Bedürfnisse völlig vernachlässigt hast?

Du verliebst dich in den/die Partner/Partnerin deiner/deines besten Freundin/Freundes, und er/sie sich auch in dich. Was gedenkst du zu tun?

Welches Geräusch liebst du?

Du hörst einen Riesenstreit deiner Nachbarn mit an, in dem auch Gewalt angewendet wird. Wie verhältst du dich?

Was ist für dich die schlimmste sexuelle Perversion?

Was bestimmt die Partnerwahl, die Erziehung oder die Erfahrung?

Du bist eine prominente Anwältin und in eine Talkshow eingeladen, in der dir nur blöde Fragen gestellt werden. Was machst du?

Was hast du in deinem bisherigen Leben am meisten vermisst?

Was kann der Mensch von der Krankheit lernen?

Du sollst dich künstlerisch zum Thema Liebe äußern. Welche Kunstform wählst du?

Wen würdest du lieber pflegen, ein kleines Kind oder einen älteren Menschen?

Was wäre für dich die beste Art, einen neuen Partner kennen zu lernen?

In welcher Situation glaubst du einmal einen Schutzengel gehabt zu haben?

Nenne ein Kompliment, dessentwegen du einmal rot geworden bist!

Können Kleider wirklich Leute machen?

Auf welche Weise würdest du dich nach einer Meinungsverschiedenheit mit deinem Chef wieder versöhnen?

Wie sähe die Welt heute aus, wenn Hitler den Krieg gewonnen hätte?

Woran scheitern deiner Meinung nach so viele Familien?

Durch welches Schimpfwort kann man dich wirklich verletzen?

Auf deine Kontaktanzeige hin melden sich über 50 Bewerber/ Bewerberinnen. Nach welchen Kriterien wählst du jene aus, die du gerne treffen möchtest?

Ist ein lauter Widerstand wirkungsvoller als ein stiller?

Du bist auf ein erstklassiges Fest eingeladen. Auf dem roten Teppich fällst du der Länge nach vor allen Leuten hin. Und nun?

Manche Menschen glauben, dass man sich seine Eltern vor der Geburt »aussucht«. Wenn es tatsächlich so wäre: Warum hast du dich ausgerechnet für diese beiden Menschen entschieden?

Ist das Begehren schon ein Schritt in Richtung Liebe?

Wann und zu wem warst du zuletzt ungerecht?

Welchen Sinn macht die Treue für dich?

Wird die Menschheit je dazulernen?

Was unternimmst du, wenn ein/eine Ex dir plötzlich mit deinem sehr eifersüchtigen Partner begegnet und dich geradezu in Beschlag nimmt?

Du könntest eine Sache auf der Welt mitsamt ihren Folgen ungeschehen machen. Für welche entscheidest du dich?

Zufällig wirst du Zeuge, wie dein Chef deine Kollegin sexuell belästigt. Wie reagierst du?

Welche Wirkung hat die Vorstellung von Gruppensex auf dich?

Bist du eher ein Einzelkämpfer
oder ein Teamspieler?

Was macht einen Star für dich
zum Star?

Du siehst eine einsame alte Frau auf einer Parkbank. Wie erhellst du ihre Stimmung?

In welchen Situationen baust du mehr auf Gott als auf dich selbst?

Welche Eigenschaft muss ein Mensch haben, damit du schnell mit ihm Freundschaft schließt?

Was verstehst du unter dem Jenseits?

Woran merkst du, dass du jemanden liebst?

Wie könntest du dazu beitragen, dass das Leben auch für andere besser wird?

Was tust du, um ein Kind möglichst schnell ins Bett zu bringen?

Was regelt die Kirche für den Menschen?

Du stehst vor der Himmelspforte, die sich dir nur öffnet, wenn ein Mensch für dich ein gutes Wort einlegt. Wer wäre das – abgesehen von deinen Eltern? Was glaubst du, würde dieser Mensch sagen?

Was wäre für dich der schlimmste Tod?

Warum sind Freunde im Leben so wichtig?

Über wen hast du dich zuletzt bei anderen erkundigt und warum?

Vor deiner Tür steht eines Morgens plötzlich eine Flüchtlingsfamilie und bittet um Unterkunft. Wie geht die Situation für dich weiter?

Stell dir vor, du müsstest sterben. Um was tut es dir am meisten Leid?

Welche Erkenntnis musstest du dir hart erarbeiten?

Welche Gewohnheit hast du aus Kindertagen bis heute beibehalten?

In welchem Alter schließt man die besten Freundschaften?

Wer macht sich eher über andere lustig, der dumme oder der intelligente Mensch?

Es fehlt Geld in der Gemeinschaftskasse deiner vierköpfigen WG. Wie klärst du den Sachverhalt am besten?

Du erhältst das Angebot, eine Scheinehe mit einem schwerreichen und schwulen Industriellen auf 10 Jahre einzugehen. Dafür erhältst du jährlich 1 Million. Welche 3 Fragen beschäftigen dich?

Kannst du etwas für deine Art von Leben?

Was war dein größter Jugendtraum? Was ist daraus geworden?

Du spürst, dass dein/e Freund/Freundin ein Problem mit sich trägt, aber nicht darüber spricht. Wie gehst du damit um?

Welche äußeren Einflüsse halten den Menschen dumm?

Du erfährst erst an deinem 30. Geburtstag, dass du ein Adoptivkind bist. Was möchtest du als Erstes tun?

Wer braucht unser Mitgefühl?

Welchen Einfluss üben Freunde auf dich bei der Wahl deines Lebenspartners aus?

Stell dir vor, du könntest mittels Karten die Zukunft sehen. Als du einer guten Freundin die Karten legst, siehst du deren nahen Tod. Wie gehst du mit dieser Information um?

Was findest du an dir persönlich schön? Und was hässlich?

Auf welche Bildung kommt es im Leben deiner Meinung nach an?

Dein Vater liegt im Sterben. Ihr hattet nie ein besonders gutes Verhältnis. Was kannst du deinerseits tun, damit der Frieden zwischen euch zu Lebzeiten noch möglich ist?

Was löst der Anblick eines Bettlers bei dir aus?

Was würdest du auch für einen Freund niemals aufgeben?

Stell dir vor, du müsstest im Laufe deines Lebens das Geschlecht wechseln. Worauf bist du gespannt? Wovor hast du Angst?

Für was empfindest du dich noch nicht reif genug?

Ist die Wirklichkeit überall?

Wie reagierst du auf eine plumpe sexuelle Anmache?

Vorausgesetzt, du könntest nach deinem Tod einen verstorbenen Menschen wieder ins Leben zurückkehren lassen: Wer wäre es?

Ein Taxifahrer fährt seltsame Umwege, um an dein gewünschtes Ziel zu gelangen. Was unternimmst du?

In welcher Situation hast du schon einmal die Kontrolle über dich verloren?

Du willst mit deinem Partner zusammenziehen, doch eure beiden Hunde verstehen sich nicht. Wie regelst du das Problem?

Welche Touristenattraktion ist für dich abscheulich?

Was ist für dich die schönste Ablenkung vom Stress?

Stell dir vor, du erhieltest das Angebot, kraft deiner Gedanken töten zu können. Niemand würde es je herausfinden. Warum könntest du interessiert sein?

Unter welchen Umständen zahlst du im Restaurant kein Trinkgeld?

Was brauchst du, um dich richtig geborgen zu fühlen?

Was ist für dich ein echtes Beziehungsproblem?

Was langweilt dich maßlos?

Wie zeigst du einem Mann/einer Frau, dass du dich für sie/ihn interessierst?

Jemand versucht dich in einem Kaufhaus zu bestehlen. Was unternimmst du?

Du kannst eine Zeitreise in die Vergangenheit machen und einen Menschen deiner Wahl auf seine Zukunft vorbereiten. Wem würdest du helfen und warum?

Was sind die Voraussetzungen für dich, um jemandem dein Vertrauen zu schenken?

Was könntest du einem Freund niemals verzeihen?

Warum lügt der Mensch, wenn er auch die Wahrheit sagen könnte?

Ein alter, dir unsympathischer Mann möchte dich zum Alleinerben machen. Es geht um eine beträchtliche Summe. Im Gegenzug bittet er dich, sich bis zu seinem Ableben um ihn zu kümmern. Wie wirst du handeln?

Welchen Einfluss hast du auf die Zukunft ?

Eine Bodenstewardess behandelt dich äußerst missgelaunt. Wie reagierst du darauf?

Dein/e beste/r Freund/in lebt immer auf Kosten anderer. Wie gehst du damit um?

Nenne drei wunderschöne Erlebnisse in deinem Leben.

Welche Art von Freiheit ist dir wichtig?

Du kennst einen einflussreichen Menschen, der dir für deine berufliche Entwicklung nützlich sein könnte. Dieser ist jedoch nicht sonderlich an dir interessiert. Wie machst du ihn auf dich aufmerksam?

Deine Nachbarn haben dir ihre Garage vermietet, die du längst schon bar bezahlt hast. Nun behaupten sie, die Rechnung sei noch offen. Was tust du?

Für wen hättest du gerne mehr Zeit?

Wenn du geistig in der Vergangenheit bist, was interessiert dich dabei noch am meisten?

Woran wärst du fast schon einmal zerbrochen?

Wo ist Gott?

In welcher Situation hast du dich zuletzt gegen dein Bauchgefühl entschieden? War es die richtige Entscheidung?

Du hast die Wahl: Du kannst 10.000 Euro für dich persönlich behalten oder eine Million Euro für einen guten Zweck verschenken. Wofür entscheidest du dich und warum?

Ein Mensch spricht dich auf der Straße an und hat eine Botschaft für dich. Möchtest du sie hören?

Wofür gibst du unverhältnismäßig viel Geld aus?

Unter welchen Umständen würdest du, um einen Freund zu schützen, auch lügen? Was wäre, wenn du damit jemand anderen sehr belasten würdest?

Wie frei ist deiner Meinung nach der eigene Wille?

Was ist heute das Beste, was du für dich tun kannst?

Hast du jemals etwas erlebt, was dir bis heute unerklärlich geblieben ist?

Gibt es eine Straftat, die nur mit dem Tode bestraft werden sollte? Welche ist das und warum?

Welche Belange kann man nur mit Freunden teilen?

Was wäre das Schlimmste, das dir jemals widerfahren könnte?

In welcher Situation ist Schweigen die einzig angemessene Reaktion?

Du hast einen Fahrschein für den Bus gelöst. Als der Kontrolleur kommt, findest du ihn nicht mehr. Was unternimmst du?

Was muss passieren, damit du einen Konflikt mit Gewalt zu lösen versuchst?

Ab wann sprichst du von Freundschaft?

Was erwartest du für dich in der Zukunft?

Was haben deine Eltern deiner Ansicht nach im Umgang mit dir falsch gemacht?

In welchem Ausmaß haben deine Eltern dich geprägt?

Ein Kind hat sich im Kaufhaus verlaufen. Wie hilfst du ihm am besten?

Hast du schon einmal jemanden geohrfeigt? Wenn ja, in welcher Situation?

Du wirst von der Regierung als Teilnehmer eines Forschungsprojektes vorgeschlagen. Dabei sollst du für 1 Jahr mit 99 weiteren Teilnehmern unter dem Eis in einer Kuppel leben. Als Gegenleistung erhältst du ab sofort eine lebenslängliche gute Rente. Wie entscheidest du?

Wie veränderst du dich, wenn du von jemandem geliebt und begehrt wirst?

Nehmen wir an, dass Frauen und Männer tatsächlich nicht zueinander passen. Woran liegt das deiner Meinung nach vor allem?

Was ist für dich eine Heldentat?

Wann hast du zuletzt jemandem eine Lektion erteilt? Um was für eine Situation handelte es sich?

Woran erkennst du die Wahrheit?

Du lebst in der NS-Zeit. Du könntest das Leben eines befreundeten Juden retten, indem du ihm falsche Papiere besorgst. Damit würdest du allerdings dein eigenes Leben und das deiner Familie gefährden. Was machst du?

Was hast du von deinen Ex-Partnern bisher lernen können?

Was bringt dich zum Lachen?

Welches öffentliche Tabu würdest du gerne wieder errichtet sehen?

Wie würdest du jemandem Angst machen, wenn du müsstest?

Was ist, wenn du eines Tages erfährst, dass du ein Außerirdischer bist und nun wieder zurück zum Heimatplaneten sollst? Du dürftest drei Menschen deine Identität mitteilen. Wem erzählst du davon?

Es stellt sich heraus, dass dein bester Kollege ein Stasi-Spitzel war und sogar seine eigenen Freunde verraten hat. Was ist das Erste, das du ihm sagen wirst?

70 / 71

In welchen Situationen betest du?

Was hältst du von der Aussage, dass kleine Geschenke die Freundschaft erhalten?

Was kann der Mensch vom Tier lernen?

Wie würdest du deinen besten Freund mit einer Frau verkuppeln?

Du bist verlobt. Sechs Monate vor deiner Hochzeit verunglückt dein Partner. Zurück bleibt eine schwere Behinderung. Wie gehst du mit deinem Heiratsversprechen um?

In welchen Angelegenheiten hörst du eher auf den Rat eines guten Freundes als auf den deiner Eltern bzw. deines Partners?

Du erhältst die Möglichkeit, einmal am Tag die Gedanken einer Person deiner Wahl zu lesen. Wessen Gedanken möchtest du morgen hören? Und in ein paar Jahren?

Wenn du dich nicht durchsetzen kannst: Was genau hindert dich dann daran?

Wie würdest du einem Kind erklären, was das Böse ist?

Was hast du in den letzten 24 Stunden Gutes getan?

Welche Bedeutung hat für dich das negative Vorleben einer Person, die dir sehr sympathisch ist?

Wessen Brief hebst du noch heute auf?

Wo sind die Verstorbenen jetzt gerade?

Wie verschwiegen bist du?

Was, glaubst du, wird im Alter besser?

Unter welchen Umständen könntest du einen Menschen umarmen, der dir äußerst unsympathisch ist?

Du darfst wählen zwischen einer Verjüngung oder einem größeren Stückchen Glück in deinem Leben. Wofür entscheidest du dich?

Warst du mal so ehrlich, dass du dich anschließend schlecht gefühlt hast? Schildere bitte die Situation!

Was unternimmst du, um eine gute Freundschaft zu erhalten?

Wo in dir ist dein Gefühl versteckt?

Was war dein bisher größter Fehler?

Deine Freundin streitet sich vor dir mit ihrem Mann und versucht dich auch noch auf ihre Seite zu ziehen. Was machst du?

Dein Chef/deine Chefin teilt dir mit, dass deine Karriere nur weitergeht, wenn du etwas »netter« mit ihm/ihr umgehst. Was wirst du ihm/ihr antworten?

Darf ein Freund/eine Freundin dir alles sagen?

Du bekommst eine Creme geschenkt, die dich für 8 Stunden atemberaubend schön sein lässt. Zu welchen Gelegenheiten wirst du sie benutzen?

Gibt es Situationen, die dich überfordern? Welche?

Was war dein bisher größter Misserfolg?

Wie versuchst du in einem Gespräch die Aufmerksamkeit auf dich zu ziehen?

In welchen Augenblicken glaubst du einmal Gott gespürt zu haben?

Was kannst du eher verzeihen: einen folgenreichen Fehler aus Leichtsinn oder eine bewusste verletzende Beleidigung? Begründe deine Entscheidung!

Was würdest du gerne mal ergründen wollen, obwohl du auch Angst davor hast?

Was müsste eine neue Bekanntschaft am ersten Abend tun, damit du dich unsterblich in sie/ihn verliebst?

Was wäre für dich die schönste Ehrung? (Denkmal, Preis, Buch)

Du erhältst die Aufgabe, die Aufmerksamkeit von 1 Million Menschen zu erzielen. Dir stehen dazu alle Mittel zur Verfügung. Was stellst du an?

Ein Kollege erzählt dir, dass deine Lieblingskollegin schlecht über dich spricht. Welche der beiden Personen stellst du zuerst zur Rede? Wie?

Du musst als Engel wieder zurück auf die Erde und einem Menschen lebenslang dabei helfen, ein guter Mensch zu werden. Welche aktuelle Person wählst du?

Wo bist du am liebsten, wenn du alleine bist?

Wer alles soll zu deiner Beerdigung kommen?

Was könnte dich dazu veranlassen auszuwandern?

Was müsstest du anstellen, damit deine besten Freunde glauben, du seiest verrückt geworden?

Wenn es einen Gott und einen Teufel gäbe, wer von den beiden, glaubst du, hält auf der Welt derzeit die Fäden in der Hand? Und bei dir ganz persönlich?

Wie hat sich die Welt in den letzten 10 Jahren verändert?

Vorausgesetzt, du würdest bald sterben, wer erbt deine Sachen?

Was benötigst du, um zufrieden zu sein?

Wie und wo wirst du mit 70 Jahren sein?

In welcher Situation hättest du gerne einmal eine Ohrfeige verteilt?

Du bist fremdgegangen. Nenne 3 Gründe, die das ausgelöst haben könnten!

Du dürftest jemandem im Traum erscheinen und ihm eine Botschaft mitteilen. Wen wählst du dafür aus und was wirst du sagen?

Wann hast du das letzte Mal richtig weinen müssen?

Mit welchem Freund/welcher Freundin kannst du am besten schweigen?

Was wird in der Welt von morgen Luxus sein?

Du erfährst 5 Jahre nach der Geburt deines Kindes durch Zufall, dass es nach der Entbindung mit einem anderen vertauscht wurde. Was tust du jetzt?

Stell dir vor, du stehst plötzlich vor dem Mann, in den du dich im Traum verliebt hast. Was ist deine erste Reaktion?

Bei wem müsstest du dich noch entschuldigen? Wofür? Warum hast du das noch nicht getan?

Was kannst du nur schwer verzeihen?

Wofür, glaubst du, schätzen dich deine Freunde?

Wie lange kannst du etwas erdulden?

Ein Selbstmörder steht auf der Brücke. Wie bringst du ihn zur Vernunft?

Du träumst, dass du auf einem Flug nach New York abstürzt. Tage später sollst du beruflich nach New York fliegen. Wie reagierst du?

Der Mörder einer dir nahe stehenden Person wird hingerichtet. Nimmst du an der öffentlichen Hinrichtung teil? Begründe deine Antwort!

Worauf willst du nicht mehr warten müssen?

Wie würdest du dich für einen wunderschönen One-Night-Stand herrichten?

Was sagst du jemandem, der behauptet, der Mensch könne ohne Glauben existieren?

Der Priester fällt heute aus. Worüber hältst du spontan eine Predigt, wenn du müsstest?

Wem würdest du am ehesten deine Zeit schenken: einem behinderten Kind, einer blinden Person oder einem Sterbenden? Begründe deine Antwort!

Du schenkst deiner Lebensgefährtin/deinem Lebensgefährten eine wertvolle Uhr. Was würdest du eingravieren lassen?

Du darfst dir eine Fähigkeit von einem prominenten Verstorbenen aneignen. Für wen und für welche Eigenschaft entscheidest du dich?

Was kannst du besonders gut?

Welches globale Ereignis könnte das Bewusstsein der Menschen in kürzester Zeit verändern?

Du stehst vor einer gefährlichen Operation. Was willst du vorher unbedingt noch tun?

Du darfst die Wahrheit über ein Weltereignis deiner Wahl erfahren. Für welches entscheidest du dich und warum?

Worauf hörst du eher, wenn du etwas Wichtiges zu entscheiden hast: auf den guten Rat eines weisen Mannes oder auf deine innere Stimme?

Welche Nachricht hat dich in der letzten Zeit sehr bewegt?

Was wäre das schönste Liebesgeschenk eines Mannes/einer Frau für dich?

Was tust du für deine Gesundheit?

Du wirst in einem Schwimmbad von jemandem sexuell belästigt. Es ist keine Hilfe in Sicht. Was unternimmst du?

Dir wird im Traum mitgeteilt, dass du durch eine besondere Tat in der Vergangenheit einem Menschen geholfen hast, seinen Weg zu finden. Was könnte das für eine Tat gewesen sein?

Stell dir vor, in deiner Familie gibt es eine Erbkrankheit, die definitiv tödlich endet. Du bist in der sechsten Woche schwanger. Was unternimmst du?

In welche Lage müsste ein Freund sich bringen, damit du die Hoffnung aufgibst, ihm sei noch zu helfen?

Welchen Einfluss hat die weltpolitische Lage auf dich?

Wann ist der Einsatz von Gewalt für dich gerechtfertigt?

Wann hast du zuletzt gegen ein Strafgesetz verstoßen und warum?

Du bist in der Lage, bei Menschen die Intelligenz zu verstärken. Wer wird von dir als Erstes behandelt?

Ein Wesen macht dir ein Angebot: Du darfst deine Lebenszeit um 50 Jahre verlängern, wenn du versprichst nur noch Gutes zu tun und dich dafür ausbilden zu lassen. Interessiert?

Worüber denkst du am meisten nach?

Ein Freund eröffnet dir, dass er das Gefühl hat, im falschen Körper zu sein, und deshalb sein Geschlecht wechseln will. Was sagst du ihm?

Was ist für dich Glück?

Du brauchst eine Gehaltserhöhung. Wie erreichst du das am besten bei deinem Chef?

Was würdest du niemals für Geld tun?

Inwieweit würde sich deine Freundschaft zu einem Menschen verändern, wenn dieser HIV-infiziert wäre?

Du könntest für immer jung bleiben oder bis zu deinem Lebensende im Reichtum baden. Wofür entscheidest du dich?

Welche Gedanken teilst du anderen nicht mit?

Kann der Einsatz von Strafe eine Wiederholungstat verhindern?

Wodurch gewinnst du schnellstmöglich die Herzen deiner Mitmenschen?

Stell dir vor, du könntest Menschen von jeder Krankheit heilen. Im Gegenzug müsstest du allerdings pro Heilung ein Jahr deines Lebens hergeben. Unter welchen Umständen setzt du diese Fähigkeit ein und bei wem?

Was ist für dich die Hölle?

Gibt es etwas oder jemanden, mit dem du sprichst, wenn du alleine bist?

Welcher Liebe stehst du in deinem Leben bis heute nicht gleichgültig gegenüber?

Hast du schon einmal an Selbstmord gedacht?

Für welche Tat möchtest du einmal einen richtigen Applaus erhalten?

Dir begegnet auf einer Wanderung ein Mann, der felsenfest von sich behauptet, dass er Jesus sei. Was müsste er tun, um dich davon zu überzeugen?

Hat eigentlich Gott uns oder haben wir ihn erfunden?

Welches Geschlecht hat deiner Meinung nach mehr Freude am Sex, Männer oder Frauen?

In welchen Situationen ziehst du dich gerne zurück?

Nach welchen Idealen lebst du?

Wie sagt du deinem Partner, dass du dich von ihm/ihr trennen willst?

Wofür kannst du dich bei deinen Eltern bedanken?

Wie viele echte Freunde hast du? Sind es in den letzten fünf Jahren mehr oder weniger geworden?

Vorausgesetzt, Jesus käme tatsächlich in diesem Jahrhundert wieder auf die Welt, um die Menschheit zu retten, wer alles, glaubst du, hätte etwas dagegen?

Welche Frage möchtest du endlich mal beantwortet wissen?

Was wäre, wenn die Kirchen vollständig aufgelöst würden?

Dein blindes Kind kann aufgrund eines medizinischen Eingriffs wieder sehen. Was möchtest du ihm als Erstes zeigen?

Dein Vater war immer äußerst schlecht zu dir. Plötzlich wird er zu einem schweren Pflegefall. Wie verhältst du dich? Kann er mit deiner Hilfe rechnen?

Wo warst du, als du noch nicht geboren warst?

Wann fühlst du dich alleine?

Welchem Menschen würdest du gerne mal die Meinung sagen? Was hat dich bisher daran gehindert?

Auf welche Autorität könntest du persönlich verzichten?

Wie verändert sich dein Aussehen, wenn du lügst?

Hätte auch alles ganz anders in deinem Leben kommen können? Wie?

Was würdest du als Erstes sagen, wenn du bei einer Untersuchung erfährst, dass dein ungeborenes Kind mit größter Wahrscheinlichkeit schwul sein wird?

Wodurch drückt sich bei dir deine Nächstenliebe aus?

Dein Bruder ist einer rechtsextremistischen Partei beigetreten und hat dort ein wichtiges Amt übernommen. Wie gehst du künftig mit ihm um?

Welches Verhältnis hast du zur Steuerzahlung?

Wie verhältst du dich auf einer öffentlichen Toilette, wenn die Kabine nebenan besetzt ist? Ist dir irgendetwas peinlich?

Wofür können sich deine Eltern bei dir bedanken?

An deinem Hochzeitstag begegnest Du allen Ex-Gefährtinnen deines Partners. Wie gehst du mit dieser Überraschung um?

Du träumst jede Nacht davon, dass Gott zu dir spricht und dich dazu auffordert, dein ganzes Leben sofort zu ändern und einen helfenden Beruf anzunehmen. Inwiefern beeinflusst das deine Gedanken und Handlungen?

In welcher Situation, glaubst du, hat du richtig versagt?

Was zivilisiert deiner Meinung nach den Menschen?

Du erhältst eine öffentliche Auszeichnung als die am schlechtesten angezogene Person aller Zeiten. Mit welchen Dankessätzen nimmst du diesen Preis entgegen und was hast du zur Preisverleihung an?

Stell dir vor, du könntest über Nacht eine neue Gabe erhalten. Welche könnte das sein?

Ist es gerechtfertigt, wenn ein Vergewaltiger die gleich lange Haftstrafe wie ein Steuerhinterzieher erhält?

Stimmt die herkömmliche Auffassung von Liebe mit all ihren romantischen Filmbildern mit deiner eigenen Erfahrung überein?

Von wem schaust du dir gerne etwas ab?

Welchen Sinn macht der Krieg für dich? Ist er nötig, um den Frieden zu erhalten?

Deine beste Freundin wird religiös immer fanatischer. Wie reagierst du darauf?

Was sagst du, wenn der berühmte Käsekuchen deiner Schwiegermutter alles andere als genießbar ist?

Wer in deiner jetzigen oder letzten Beziehung sorgte am meisten dafür, dass es schön ist zu zweit?

Du darfst zwei Wünsche äußern, die in Erfüllung gehen. Einen für dich und einen für jemand anderen. Was wünschst du?

Welches Versprechen hast du schon einmal gebrochen? Wie fühlst du dich damit?

Wie denkst du über Hierarchien?

Was hättest du in den letzten 24 Stunden besser machen können?

Stell dir vor, eine Fee bietet dir die Erfüllung eines großen Lebenstraumes an. Du müsstest aber entscheiden, ob er jetzt oder erst gegen Ende deines Lebens Wirklichkeit wird. Was wünschst du dir und für welchen Zeitpunkt entscheidest du dich?

Wie ist es für dich, wenn man dich nach deinem Alter fragt?

In welcher Extremsituation hättest du Angst, dich nicht auf deinen Partner/deine Partnerin oder besten Freund/beste Freundin verlassen zu können?

Wen liebst du?

Wie fändest du es, wenn alle Menschen auf der Welt gleich viel Geld hätten?

Du musst für ein Jahr auf
eine einsame Insel und darfst
3 Menschen mitnehmen.
Wen wählst du aus?

Welche Situation in deiner
Zukunft möchtest du gerne im
Traum vorwegnehmen können?

Was hat Gott gemacht, bevor er
die Erde erschaffen hat?

Was gibt dir Kraft?

Was erfährst du bei einem Liebesakt über den anderen?

Was denkst du über den Beamtenstatus? Ist er gerechtfertigt?

Du siehst, wie jemand bestohlen wird. Was unternimmst du?

Welche plausible Erklärung hast du dafür, dass über 80% aller Sträflinge Männer sind?

Was kann eine Partnerschaft nicht erfüllen?

Stell dir vor, du würdest nach 35 Jahren bemerken, dass du in einer Versuchswelt lebst, die einen Ausgang zu einer anderen Welt besitzt. Was würdest du lieber tun: gehen oder bleiben?

Was überlässt du gerne anderen?

Was kann man von Adligen lernen?

Deine Mutter wird ein Pflegefall. Würdest du sie bei dir zu Hause pflegen oder sie lieber in eine andere Obhut geben?

Was sagt das Alter über einen Menschen aus?

An wen oder was denkst du beim Sex?

Wer ist für dich engelsgleich?

Mit wem kannst du am besten schweigen?

Welches Wetter liebst du am meisten?

Deine Eltern streiten sich immer häufiger auch vor dir. Was unternimmst du?

Wird man im Alter besser oder schlechter?

Dein Kind befindet sich nach einem Unfall in einem tiefen Koma. Wie lange dauert deine Hoffnung?

In welchen Eigenschaften ähnelst du deiner Mutter? Und in welchen deinem Vater?

»Wenn's am schönsten ist, sollte man gehen«. Auf welche Situationen passt diese Devise?

Du hast eine wichtige Verabredung mit jemanden, in den du dich gerade sehr verliebt hast. Dein Date erscheint zwar pünktlich, aber ziemlich angetrunken. Wie fühlst du dich?

Dein Vater wünscht sich, dass du eines Tages seinen erfolgreichen Betrieb übernimmst. Du hast jedoch vollkommen andere Pläne. Was wirst du ihm sagen? Wie würdest du reagieren, wenn er dich daraufhin enterbt?

Kann der Mensch sein Schicksal selbst in die Hand nehmen?

Wie wichtig ist die Meinung eines Arztes, wenn es um die eigene Gesundheit geht?

Es kommt immer öfter vor, dass du beim Ausgehen für dich und deinen Partner zahlst. Wie lange machst du das noch mit? Was wirst du dazu sagen?

Welche deiner Entscheidungen in der Vergangenheit bereust du noch heute?

Was kann man von älteren Menschen besonders gut lernen?

Was lässt du lieber andere für dich machen?

Was rechtfertigt deiner Meinung nach eine Schönheitsoperation?

Womit hättest du gerne einmal Erfolg?

Wer hat dich in deinem Leben am meisten negativ beeinflusst?

»Man liebt im Leben nur einmal wirklich«. Was glaubst du?

Wofür ist es gut, eine Familie zu haben?

Wofür möchtest du immer Geld haben?

Welche 3 Wünsche sollten sich in deinem Leben unbedingt erfüllen?

Wer auf dieser Welt besitzt die Autorität und Kompetenz dir zu sagen, was gut und schlecht ist?

Welche Erfahrung hast du mit der gleichgeschlechtlichen Liebe gemacht?

Mit wem kannst du wunderbar lachen?

Wen findest du derzeit peinlich?

Stell dir vor, du kannst etwas aus deinem Leben rückgängig machen. Was wäre es?

Wohin gehen wir, wenn wir sterben?

Wen oder was wünschst du dir weg?

Unter welchen Umständen lernst du am besten etwas fürs Leben?

Was ist das Schönste, das du jemals in eine Freundschaft eingebracht hast?

Wer ist für dich ein Vorbild?

Welches Abenteuer möchtest du gerne einmal erleben und mit wem?

Du darfst einmal im Leben spontan eine Situation per Zauberkraft beeinflussen. Für welche Situation hebst du dir diese Möglichkeit auf?

Ein 89-jähriger Mann darf trotz eines schweren Unfalls, den er verursacht hat, seinen Führerschein behalten.
Wie stehst du dazu?

Was ist für dich die innere Stimme?

Was machst du, wenn du dich plötzlich mit deiner langjährigen besten Freundin nicht mehr verstehst?

Wer ist deine Familie?

Stell dir vor, du könntest einen Film deiner Wahl real als Hauptdarsteller erleben. Für welchen Film entscheidest du dich?

Wodurch entsteht das Böse?

Würdest du deinem Freund/deiner Freundin alles Geld leihen, das du gespart hast?

Welches Zimmer deines Zuhauses möchtest du gerne verändern und wie?

Wie wichtig ist dir dein Ego?

Welche Menschen sind dir unheimlich?

140 / 141

Du hast den Verdacht, dass dein Partner sich heimlich mit deinem/deiner besten Freund/Freundin trifft. Was stellst du an, um die Wahrheit herauszufinden?

Welche sozialen Missstände verhindern die Gründung von Familien?

Was könntest du im Umgang mit deinen Freunden besser machen?

In welchen Situationen wünschtest du dich manchmal am liebsten weg?

Was fürchtest du mehr: das Urteil eines Freundes oder das eines Feindes?

Was macht für dich einen guten Chef aus?

Welche menschliche Handlung ist dir ein Gräuel?

Glaubst du an die Verbindung zum Jenseits?

Von wem hörst du Ratschläge am liebsten und warum?

Was ist für dich göttlich?

Macht dich Angst krank oder stark?

Wer leistet in unserer Gesellschaft heute mehr, Männer oder Frauen?

Welche Tat könnte heutzutage bei den Menschen noch Wunder wirken?

Wie möchtest du morgen am liebsten aussehen?

Muss eine gesellschaftliche Entwicklung immer von Chaos geprägt sein, damit sie Form erhält?

Wie definierst du deinen Stil?

Mit welcher öffentlichen Persönlichkeit wärest du gern befreundet?

Wessen Familie gefällt dir? Wessen überhaupt nicht?

Für welche Tat schätzt du Jesus?

Was fällt dir leichter, an Gott zu glauben oder nicht zu glauben?

Wie könnte der schönste Tag deines Lebens aussehen?

Welches ist der größte Fauxpas, der dir in der Öffentlichkeit jemals passiert ist?

Wie lange könntest du einem Freund böse sein?

Wer von deinen Freunden bereitet dir derzeit am meisten Sorgen?

Was muss heute unbedingt noch von dir getan werden?

Wessen Zukunft interessiert dich am meisten?

Warum finden die Pornografie und die Prostitution ihre Nachfrage hauptsächlich bei Männern?

Welche Freundschaft kostet dich derzeit am meisten Kraft?

Hast du bereits etwas versäumt?

Wer oder was tröstet dich, wenn du verzweifelt bist?

Dein Arzt rät dir, einen Operationstermin zu verschieben, weil dein Horoskop zur Zeit ungünstig ist. Wie reagierst du?

Dein Schwiegervater fängt an, dich vor der Familie grundlos niederzumachen. Dein Ehemann schweigt dazu. Wie verhältst du dich?

Wenn du es dir aussuchen könntest, in einer anderen Zeit zu leben: welche wäre es?

Was ist für dich Luxus?

Von wem kannst du immer Hilfe erwarten?

Was macht dich für einen Menschen zum guten Freund?

Wie tröstest du jemanden, der gerade einen geliebten Menschen verloren hat?

Wie gehst du damit um, wenn dein Partner nur mit medizinischen Hilfsmitteln zur körperlichen Liebe fähig wäre?

Welche drei Eigenschaften sollten wir gegenüber älteren Menschen leben?

Mit welchem Freund würdest du im Augenblick gerne mehr Zeit verbringen und warum?

Auf welchen von dir geleisteten Liebesbeweis bist du besonders stolz?

Hast du schon einmal etwas getan, was du dir bis heute nicht verziehen hast?

Was machst du am liebsten, wenn du alleine bist?

Wie lange kannst du eine schlimme Sache verschweigen?

Wen möchtest du in 10 Jahren immer noch an deiner Seite wissen?

Wenn du dich mit andern über dein Liebesleben unterhältst, neigst du dann eher zu Übertreibung, Untertreibung oder Sachlichkeit?

In welcher persönlichen Not hat dir ein Freund schon einmal geholfen?

Wer hat für dich einen absoluten Knall?

Was machst du, wenn dir ein 3-tägiger Besuch nach ein paar Stunden schon gewaltig auf die Nerven geht?

Wofür sind deine Träume da?

Kann die Menschheit ohne die Einhaltung der 10 Gebote überleben?

156 / 157

Welche Eigenschaften in dir unterdrückst du schnell und warum?

Was unterscheidet eine Freundschaft von einer Bekanntschaft?

Von wem geht in der Welt deiner Meinung nach derzeit der Terror aus?

Wie reagierst du, wenn du am Flughafen plötzlich komplett gefilzt wirst?

Was möchtest du unbedingt haben, obwohl du es nicht brauchst?

Wie liebt es sich am besten?

Du hast einem Freund Geld geliehen. Von allein erhältst du es anscheinend nicht zurück. Was sagst du deinem Freund?

Wie lange dauerte deine längste Phase als Single?

Welche öffentliche Person wird deiner Meinung nach völlig überschätzt?

Jemand hat dein Leben gerettet. Wie bedankst du dich bei ihm?

Von wem, glaubst du, werden wir in der Zukunft noch sehr viel hören?

Welche drei Eigenschaften sollten wir gegenüber Kindern leben?

Wofür brauchst du viel Zeit?

Was hältst du von der Partnerschaft deiner Eltern?

Welche Umstände benötigst du, um dein Potenzial zu erkennen?

Deine Tante, mit der du dich nie verstanden hast, benötigt dringend eine Spenderniere, um weiterleben zu können. Du bist der ideale Spender. Was tust du?

Ab wann darf und sollte man jemandem ein anvertrautes Geheimnis mitteilen?

Welcher Typ Mann/Frau gefällt dir besonders?

Wer sollte schnellstmöglich einen Wunsch erfüllt bekommen?

Welchen Duft liebst du?

Wer ist oder war dein Mentor? Wie sah seine/ihre Unterstützung für dich aus?

Ein Freund will seinen Freund heiraten. Welche erste Frage stellst du ihm?

Wie wichtig ist die Liebe beim Überleben?

Was möchtest du viel besser verstehen können?

Was macht für dich einen besonderen Augenblick aus?

Wenn du eine Kontaktanzeige aufgeben müsstest, wie würde sie lauten?

Was ziehst du vor, Heirat oder wilde Ehe?

Dein Partner will dich zwingen, weiterhin jeden Sonntag mit ihm in die Kirche zu gehen, obwohl du seinen/ihren Glauben nicht teilen kannst. Wie beendest du das?

Gab es mal Situationen, in denen du gerne jemand anders gewesen wärest?

Wovor muss man Kinder schützen?

Wer liebt dich? Woran merkst du es?

Hast du schon einmal Ärger in Freude verwandeln können?

Was machst du am liebsten nur alleine?

Du stehst 20 Meter vor dem Traualtar. Plötzlich flüstert deine beste Freundin/dein bester Freund dir zu, dass dein Ehemann/deine Ehefrau dich mit ihr/ihm betrogen hat. Was unternimmst du?

Wie spürst du deine Seele?

Inwieweit hat dich die Art und Weise der Partnerschaft deiner Eltern beeinflusst?

Welche Blume oder Pflanze drückt deine Persönlichkeit am besten aus?

Wie verzauberst du andere?

Wird es dich auch nach dem Tode geben?

Wobei brauchst du professionelle Hilfe?

Worauf warst du einmal neidisch?

In einer vollen U-Bahn erlebt jemand einen Zusammenbruch. Was tust du als Erstes?

Bist du, wie und was du sein willst?

Wer war der erste Mensch, mit dem du Freundschaft geschlossen hast?

Was ist für dich eine Dummheit?

Dein Kind hat jemanden bestohlen. Wie regelst du die Sache?

Wer soll dir in nächster Zeit einen Wunsch erfüllen?

Wovor muss man sich selbst schützen?

Was ist für dich elegant?

Unter welchen Umständen wirst du eifersüchtig?

Woran erkennst du die Intelligenz?

Welche Handlungen sollte man vor Kindern nicht ausüben?

Welches Thema gehört nicht in die Öffentlichkeit?

Welchen Tag deines bisherigen Lebens würdest du gerne noch einmal erleben und warum?

Arbeitest du, um zu leben, oder lebst du, um zu arbeiten?

Welche grundsätzliche Einstellung hast du zu dem/der Ex-Partner/Ex-Partnerin deines/deiner Lebensgefährten/Lebensgefährtin?

Möchtest du den Sinn deines Lebens von einer renommierten Kartenlegerin erfahren, oder möchtest du ihn selbst entdecken?

Dein Vater vertraut dir an, dass er deine Mutter nicht mehr liebt. Wie gehst du damit um?

Du darfst dir für ein besonderes Vorhaben von einer Fee Zeit wünschen. Was schlägst du vor?

Was ist die größere Herausforderung, wenn einem verziehen wird oder wenn man selbst jemandem verzeiht?

Was wäre das größte Geschenk, das dir ein guter Freund/eine gute Freundin machen könnte?

176 / 177

In welcher Situation wolltest du zuletzt anderen besonders gefallen?

Was wäre für dich ein absoluter Vertrauensmissbrauch?

Wodurch hast du schon einmal versucht, deinen Eltern das Leben zu erleichtern?

Welches Wort sollte es einfach nicht mehr geben?

Wie würden sich Frauen verhalten, wenn es keine Männer gäbe?

Welches ist deine impulsivste Form, eine Überzeugung durchzusetzen?

Welchem Menschen vertraust du derzeit am wenigsten und warum?

Wie reizvoll ist das Fremdgehen?

Wie sagst du Opa, dass es besser wäre, wenn er in ein Altersheim käme?

Sind die Gedanken wirklich frei?

Wie reagierst du darauf, wenn dein Partner fremdgeht?

Wie stellst du dir das letzte Jahr deines Lebens vor?

Was könntest du niemals mit Worten ausdrücken?

Welche Lust in dir will Ewigkeit?

Ein geliebter Freund kommt dich nach sehr langer Zeit zu Hause besuchen. Was machst du, um es ihm besonders schön zu machen?

Was kann man nur durch eine Partnerschaft lernen?

Du hattest eine schwere Meinungsverschiedenheit mit deinem besten Freund/deiner besten Freundin. Wie versöhnst du dich wieder?

Wie sieht dein
Wunschprogramm
für morgen aus?

Was macht dich sprachlos?

Hast du eine innere Stimme?
Wenn ja, hörst du auf sie?

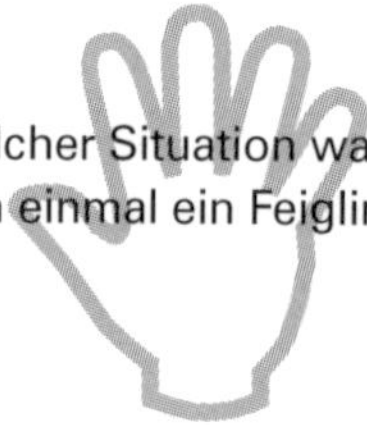

In welcher Situation warst du schon einmal ein Feigling?

Was haben wir verlernt?

Welches Rezept zum Glücklichsein kennst du?

Takt ist die Fähigkeit, andere so darzustellen, wie sie sich selbst gern sehen, sagte Abraham Lincoln. Wann warst du das letzte Mal taktlos?

Wem ist der Sex wichtiger, Männern oder Frauen?

Was ist für dich der Sinn des Lebens?

Du hast einen Bruder, der von deinen Eltern immer bevorzugt wird. Was unternimmst du?

Was in uns kennt den Unterschied zwischen Glauben und Wissen?

Unter welchen Umständen schläfst du am liebsten ein?

Unter welchen Umständen kannst du jemanden lieben, den du mal abgelehnt hast?

Wer hat dir mal richtig bewiesen, dass er dein Freund/deine Freundin ist? Wodurch?

Wer darf dich nackt sehen?

Deine Freunde laden dich immer ohne deinen Freund ein. Wie klärst du für dich die Situation?

Stell dir vor, du stirbst heute. Bei welchem Menschen würdest du es bedauern, nicht mehr mit ihm gesprochen zu haben?

Ein Bekannter, der permanent fremdgeht, infiziert sich mit dem HIV-Virus. Was sagst du ihm?

Welcher Freund/welche Freundin ist dir ein Vorbild und warum?

188 / 189

Wie versuchst du dein Leben zu steuern?

Was ist für dich Liebe?

Wie reagierst du, wenn du massiv von deinem eifersüchtigen Partner kontrolliert werden würdest?

Wie unterscheidest du das sexuelle Gefühl von dem Liebesgefühl?

Du erhältst zu deinem Geburtstag ein selbst gemaltes Bild eines Freundes, das dir überhaupt nicht gefällt. Wie reagierst du?

Wie könnte das Jüngste Gericht aussehen?

Welcher Mensch hat dich bisher am meisten geprägt?

Was ist stärker, Schönheit oder Wahrheit?